Deco Room with Plants
here and there

[デコ・ルーム ウィズ プランツ　ヒア アンド ゼア]

植物とくらす。
部屋に、街に、グリーン・インテリア&スタイリング

Satoshi Kawamoto

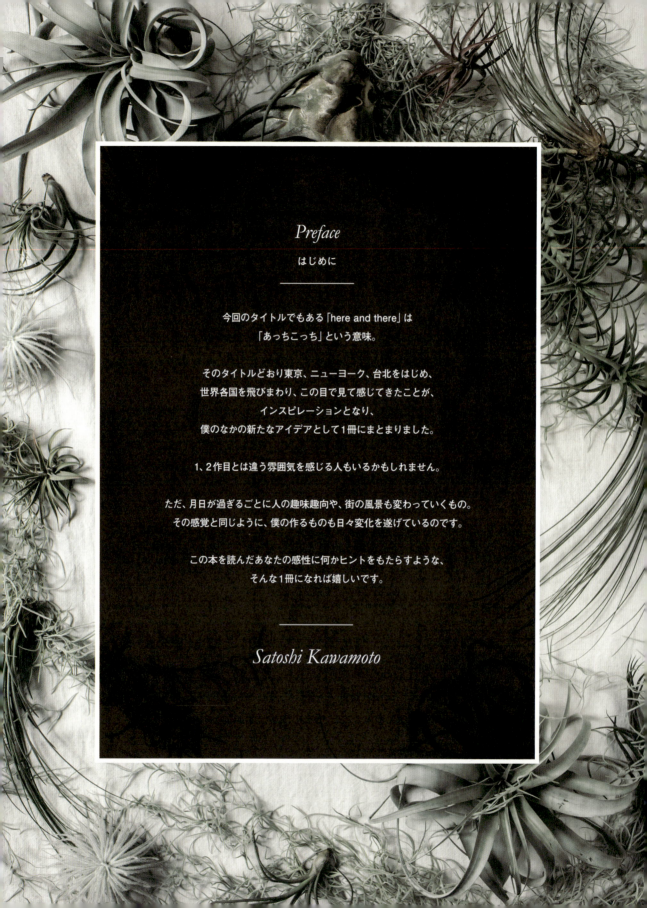

Preface
はじめに

今回のタイトルでもある「here and there」は
「あっちこっち」という意味。

そのタイトルどおり東京、ニューヨーク、台北をはじめ、
世界各国を飛びまわり、この目で見て感じてきたことが、
インスピレーションとなり、
僕のなかの新たなアイデアとして1冊にまとまりました。

1、2作目とは違う雰囲気を感じる人もいるかもしれません。

ただ、月日が過ぎるごとに人の趣味趣向や、街の風景も変わっていくもの。
その感覚と同じように、僕の作るものも日々変化を遂げているのです。

この本を読んだあなたの感性に何かヒントをもたらすような、
そんな1冊になれば嬉しいです。

Satoshi Kawamoto

Contents

Preface 2
はじめに

CONTENTS I
HOUSE STYLING
川本邸のハウススタイリング

ENTRANCE 7
LIVING & DINING 10
BAY WINDOW 20
KITCHEN 22
TOILET 28
BATH ROOM 30
SHOES ROOM 32
BED ROOM 34
YARD 36

HOUSE ARRANGE
ハウススタイリングアレンジ

BAY WINDOW 1 40
BAY WINDOW 2 42
BED SIDE 1 44
BED SIDE 2 45
BED SIDE 3 46
BED SIDE 4 47

COLUMN 1
PROCESS OF DECORATION 48
川本氏の新居が完成するまで

CONTENTS II
GREEN FINGERS INSTALLATION in TAIWAN & JAPAN
グリーンフィンガーズのインスタレーション

下北沢世代 Shimokitazawa Generation 58
富錦風浪 Fujin Swell 62
61NOTE 64
FOREMOST TOYAMA 68

CONTENTS III
WORKS OF
GREEN FINGERS
グリーンフィンガーズの仕事

『Deco Room with Plants in NEW YORK』
Release Party in
FREEMANS SPORTING CLUB - TOKYO *74*

Exhibition
『HIDDEN GARDEN
by SATOSHI KAWAMOTO』
in (marunouchi) HOUSE LIBRARY *75*

『Deco Room with Plants in NEW YORK』
刊行記念フェア in 代官山 蔦屋書店 *76*

BROWN RICE by
NEAL'S YARD REMEDIES *76*

伊勢丹新宿店
グローバルグリーン キャンペーン *77*

Taka Ishii Gallery *77*

SHARE PARK グランツリー武蔵小杉店 *78*

agete GINZA *78*

united bamboo 銀座店 *79*

THE NORTH FACE STANDARD
二子玉川店 *79*

TODD SNYDER TOWNHOUSE
インスタレーション *80*

MR PORTER インスタレーション *81*

HUNTING WORLD コラボバッグデザイン *81*

RARE WEAVES プレゼンテーション *82*

Underground Dining:
SOSHARU インスタレーション *82*

GREEN FINGERS × Larose Paris
コラボコレクション *83*

Madewell 2016AW インスタレーション *83*

COLUMN II
STYLING OF GF HOTEL *84*
GF HOTELについて

CONTENTS IV
THE SHOPS
in JAPAN & NEW YORK
日本&NYのショップについて

GF COFFEE & BIKE *88*
GREEN FINGERS MARKET NEW YORK *90*
GREEN FINGERS MARKET YOKOHAMA *94*

INTERVIEW
ABOUT THE SHOPS *97*

CONTENTS V
in MY MIND *98*
今、考えていること

ABOUT GREEN FINGERS *104*
グリーンフィンガーズについて

Profile *108*
プロフィール

※本書記載のショップデータは制作時のものであり、
変更される可能性があります。ご了承ください。

Contents 1

HOUSE STYLING

川本邸のハウススタイリング

海外での施工や作品制作を数多く手掛ける川本氏。帰国をした際に彼を迎える家にも変化があった。シリーズ第1作目の『Deco Room with Plants』で取りあげた平屋の家から、2階建ての家へ。この時期の転居は、今の感性を表現する絶好の機会となっている。ニューヨークでの生活にはじまり、様々な出会いや仕事から培った感性が反映されたスタイリングは、より洗練された世界観を生み出し、また私たちを魅了してくれるだろう。

ENTRANCE

家の顔とも言える玄関。扉を開けた目の前の壁面には一面に飾りを。グレーの壁色に映える白の小物をメインに、「Astier de Villatte／アスティエ・ド・ヴィラット」のプレートやアンティークの鍵、時計の文字盤など、以前から少しずつ集めてきた細かいパーツたちをまとめている。自転車はグリーンフィンガーズでカスタムをした「Linus Bikes／ライナス・バイクス」という西海岸のブランドのもの。見た目はもとより、乗りやすさや使い勝手なども自分仕様に。相性の良い自転車はライフスタイルの必需品。

• ENTRANCE •

玄関先にワイルドな植物を置くと、ボリュームが出るため出入りしにくくなってしまうことも。サボテンやカランコエなど、葉の少ないシンプルな種類のものを、さりげなく配置して馴染ませるようにすると、まとまりも良くなる。一緒に飾る小物も同じ色合いに統一させることで、洗練された印象に仕上がる。

フランスで作られたアンティークタイルを敷き詰めて、1枚の板のように。タイルとタイルの間には玉砂利を使って隙間を埋めている。壁に何かを貼りたいときには、シンプルな虫ピンなどで留めることで、アイテムの雰囲気を崩さず、スタイリングをすることができる。

LIVING & DINING

この家のリビングは明るいので、陽にあまりこだわらずにどのような植物でも置けるのが嬉しいところ。こうしたリビング・ダイニングスペースが広い家の場合は、大きめでワイルドな、樹木系の植物などを選んでみると、部屋全体を見回した際のアクセントに。背の低い植物を置くときは、台やスツール、使用していないイスなどで立体感を出すのがおすすめ。ポンポンと、空間の中に散らすように配置すると自然と奥行きを出すことができる。

壁に掛かっているオブジェは、ベッドのスプリングの廃材を利用し、カードやエアプランツを挿してアレンジしたもの。NYCのペナントは、限定で作ったグリーンフィンガーズ・コラボデザインも一緒にディスプレイ。帽子なども飾るように壁に掛けて。白いブックラックはお気に入りの本やエアプランツをランダムに並べたラフさがポイント。

コンセントカバーは、「PACIFIC FURNITURE SERVICE／パシフィック・ファニチャー・サービス」で以前購入したもの。細かい部分にちょっとした気を使うと、スタイリングもさらにこだわりを持ちたくなるはず。フレームとエジソンランプの照明はそれだけでもカッコ良いが、エアプランツなどを挿してグリーンランプにしても。

テーブル横に置いた植物は、ツールバッグを鉢カバーがわりに。机にそのまま乗せても良いが、台に乗せることでスペースを有効に活用しつつ、スタイリングに広がりを持たせることができる。グラスドームの中は、アーティフィシャルと本物の苔を組み合わせたもの。リアルの植物と合わせることでグラス内の世界により深みを表現することができる。グラスドームの良いところは、どの角度からの表情も楽しめるところ。ドームを回転させるとまた違った表情を見せてくれる。

· LIVING & DINING ·

お皿や灰皿は、海外へ旅行に行ったときに買ってきたもの。生活や旅をする中で集めてきたものを植物と合わせて飾るのが自分流のスタイル。庭が見える窓際には、グレージュの壁に合わせて、友人がデザインしたキャンドルスタンドやアンティークの本などと、白を基調にした小物を並べデッドスペースをうまく利用している。カーテン代わりにしているのは、フランスのミリタリーファブリック。あえてガザッとした布の質感を活かしている。

エイジング加工されたような壁面は、この家の中でも好きなポイントのひとつ。棚はインドネシアでオーダーをした、ドラム缶を加工して制作したもの。棚にはいろいろな好きなものを詰め込んでおり、フランスで買った人体模型のポスターやナバホのラグなど、様々な国での思い出が詰まっている。

棚を使ったスタイリングは、家にあまりスペースがない人におすすめ。一目惚れして購入したナバホの人形や、日本人のアーティストが描いてくれた、愛犬ゾロのイラストがかわいいジャーなどと、エアプランツや植物も同じように飾るような気持ちで配置。棚の中に植物やお気に入りのものをギュッと詰め込むと、世界観も表現しやすい。

· LIVING & DINING ·

無造作に置かれた小物たちにも、ひとつひとつエピソードが詰まっている。高さのある棚に、葉やツタが垂れ下がっている植物を配置すれば、シルエットをよりキレイに見せてくれる。

ウサギの剥製は、伝説の生き物・ジャッカロープ。お気に入りを集めた棚は作るのも、眺めるのも楽しい、一棚だけでも試してみてほしいアイデア。植物の景を考えながら、壁の色や照明にもマッチしたスタイリングを心掛けて。

BAY WINDOW

光がたっぷりと射し込む大きな出窓。左側にはたくさんのクッションを置き、窓際に座ってくつろげるようなソファー代わりの場所とし、右側は植物で埋めつくして作品のように。ここではワイヤーのかごを置いたり、器を混ぜ込むなど、自由にスタイリングをしている。照明がかわいらしい印象なので、植物をごちゃっとさせて男らしく見せるなどメリハリを。窓際は陽当たりが良いので好きな植物を好きなように置ける贅沢が叶う場所。

KITCHEN

キッチンは、タイル貼りのデザインがとても気に入っている場所。お気に入りのレシピなどを貼ってインテリアの一部に。食器棚の扉には、心に残った言葉やそこから自分なりに発展させたワード、食に関するワードを。レタリングはラフなタッチで描いている。今後、キッチンはネイビーとブラックを基調にしたカラーリングにしようと構想中。今はクリーンな印象の白のタイルで。

· KITCHEN ·

布地のカーテンではスタンダードで味気がないため、レールにハンギングで植物を吊るしてカーテン風に。窓の向こうの庭とも馴染みが良い。上下の高さを変えたり、チェーンを垂らすなど、アレンジを加えるとメリハリがつく。入れ物を紐で編んだバスケットにしてみたりと、雰囲気を変えてみては。

壁面を活かして、アンティークフレームを一面に貼ったアートな壁に。小さな照明は大好きな照明の店で以前手に入れたもの。ボタニカル風にしたかったため、植物にはシダを混ぜ込んでいる。白い壁に合わせて植物の葉は濃い色のものに。白壁に斑入りの葉っぱを合わせるとかわいらしい印象が強くなるので、好みに合わせて調整をすること。

· KITCHEN ·

ボトルや天然石、ラリックのガラスの魚を置いたりなど、光の透け感の美しさを楽しめる空間。小さめのボトルには、葉っぱを1本挿した簡単なアレンジを。たくさん集めると華やかな印象に。伸びすぎてカットした葉っぱなどを挿したり、ボトルを2～3個ずつまとめたり、ひとつずつ部屋に散らすなど、応用が利くので手軽に挑戦してみては。

I design GARDENS,
I design DREAMS.

A house is made of walls and beams, home is built with love xxx and dreams.

BEEF or CHICKEN?

Look deep into NATURE and then you understand everything better. The best MOST democratic that all and designers

I'M NOT A HIPSTER

For my part I know NOTHING with any ce... but the s... of the star... makes me...

Who loves me will love my dog.

I DON'T MISS YOU

You are the butter to bread, and the brea... to my LIFE.

YOU have to create somet... from noth...

...u will ...rything ...in is the ...tic tool ...artists ...are. ** ...TER ...

TOILET

トイレの壁は濃い緑色に。狭いスペースなので色で遊んでも、家の雰囲気を崩さない。スペース的に窓が小さい場所が多いので、植物はシダなど光の量が少なくても育つものを。ライトの上などの狭い面積の場所にも写真集やエアプランツを置くなど、小ワザを効かせて。トイレットペーパーはただ置くだけでは雰囲気が損なわれてしまうため、木箱に立て掛けるように。

• TOIRET •

空間の壁面をスッキリ見せたかったため、フレームは一直線になるように壁へ。中央の鏡のフレームは、初めて自分でエイジングした思い出深いもの。トイレスペースは、大きいサイズの植物を置くよりも、ちょっとしたエアプランツをひとつ置くなど、小さいもののほうが映える。

BATH ROOM

湿気が好きなシダ類の植物ならば、バスルームでも生き生きした表情に。壁のタイルが薄黄色のため、かわいらしい印象が強くならないよう、大きめのエアプランツとジャカランダを置いて空間を演出。光のしっかり射し込む窓辺ならば、風の循環や湿度もあるので、植物を並べてみても。

• BATH ROOM •

薄黄色のタイルに囲まれたこのバスルームなら、黒系統のカラーを使ったバスグッズでまとめるのが理想的。ヴィンテージの棚の上に置いた、ワイヤーのかごの中にタオルを入れて、見せるインテリアにしているのもお気に入り。

SHOES ROOM

前に住んでいた家と同じように、2階には靴だけのスペースをひと部屋。野菜や果物を入れるために使われていたというしっかりした木箱を積み上げて、シューズボックスを作り上げている。そこへ鉢に入れた小さめの多肉植物を置くことで、ほっこりとした雰囲気ができあがっている。丸ランプには、海外のレストランなどでよく見かけるランプをイメージして、「SHOES」とシールを貼ったアレンジを。手軽に作ることができ、雰囲気良くDIYすることができる。

• SHOES ROOM •

木箱の中は、シューズと一緒に気に入った写真やフライヤーを貼ったり、落書きを描いたり、フレームを飾ったりと、一箱一箱が小さなアートスペースのようになっている。隙間に多肉植物をポイントで配置して。まとめて見せても、一箱だけ見ても絵になるスペース。

BED ROOM

ベッドルームの壁紙はグレイッシュなパープル。カーテンはテント地をレールに吊るし、雰囲気の良い光の漏れ具合を楽しんで。全体のイメージはニューヨークのホテルルーム。ベッドの両サイドにランプを対で置いてみたり、シンメトリーな感じに。出窓部分のスタイリングでは、バッグをポットカバーにしており、花瓶を入れて花を活けても良い。バッグの中に、ドライフラワーをそっとラフに入れてもカッコ良く仕上がる。

YARD

庭を一から作る場合は、全体をひとつのパレットのように考えるとイメージが膨らむ。ひとつの庭に様々な形の葉の植物を入れてみるのも面白いし、まずは大きめのシンボルツリーを選んでから小さいものを選んでいく人も。どの植物がどの環境に合うかは、基本的な個々の植物の特性にもよるが、実際に育ててみないと分からないもの。植木屋さんにアドバイスを聞きつつ、意見を伝えてみるのも庭づくりの一歩。植物は日々成長するもので完成形はなく、庭はその積み重ねでできあがっていくもの。

テーブルとベンチまわりのスペースには、バークチップを敷き詰めて。アンティークの扉や木材をバランス良く並べて壁のように囲めば、プライベートな庭が完成。天井がないので、背の高くなる植物を置いても大丈夫。イエロー・ブルーのアイアンの椅子を置くなど、色を加えると良いアクセントに。色はつねに植物で補うことは難しいため、家具で取り入れるのがベスト。

ガーランドフラッグはグリーンフィンガーズと「8yo」のコラボもの。ガーランドフラッグを飾ると風が吹いたときなどに動きが出るため、庭がまた違った表情を見せてくれる。数字が書かれた赤い小物はLAのフリマで購入したもの。目を引くかわいらしさがある。植木鉢にそのまま置き、差し色として。

HOUSE ARRANGE
ハウススタイリングアレンジ

出窓やベッドサイドなどのアレンジ術を紹介。植物の色味や種類、小物のセレクトなど、様々なイメージを作り上げる際のポイントを掴めば、さらにスタイリングの幅を広げることができる。アレンジから一部のワザをピックアップするなど、自分好みのインテリアを作り上げてみては。デッドスペースなどへの応用も効かせて。

HOUSE ARRANGE
BAY WINDOW 1

ウッドボックスを縦横にランダムに積むことで全体に動きが出る。カーテンレールに吊るしたコウモリランやカランコエなど力強さのある植物を取り入れて、メンズっぽいテイストに。動物の骨にビーズをあしらった置物や、ナバホのラグなど、民族調のアイテムも取り入れて程よく土臭さを出すなど、植物だけで構成をせずに、小物で遊びを取り入れることで、より一層雰囲気が増す。

HOUSE ARRANGE
BAY WINDOW 2

洋書を鉢の前面に立てかけて鉢カバーのように見せたり、植物も花ものを取り入れて色味をプラスして。それに合わせて、葉っぱも斑入りのものを選んでいる。窓際に置くと葉のテクスチャーが透けて引き立つ。ただ、カラフルな印象になりすぎないように、ダークトーンの植物を組み合わせて色味を中和させること。ウッドボックスは裏返して置くだけで簡単にイメージチェンジができる。

バッグやヴィンテージの袋などを鉢カバーとして取り入れるスタイリングは、本書でも何度か紹介をしている。鉢＝テラコッタやプラスチックの容器を想像する人も多いかもしれないが、袋状のもので覆うだけで、ひとワザ効いた空間を作り出すことのできる簡単なアイデア。ぜひ活用してみてほしい。

HOUSE ARRANGE
BED SIDE 1

ベッドカバー、ベッドサイドの小物と、青系の色を基調としたアイテムで揃えてメンズライクに。「Z」のアルファベットモチーフや手描きのレタリングを施したバッグ、窓際に置いた植物のカバーにもロゴの入った袋を使うなど、さりげなく統一感を持たせて全体をまとめてみて。ラックにはお気に入りの帽子を掛けて、スタイリングのアクセントとして。ラックの足元はスッキリと見せてメリハリを。

HOUSE ARRANGE
BED SIDE 2

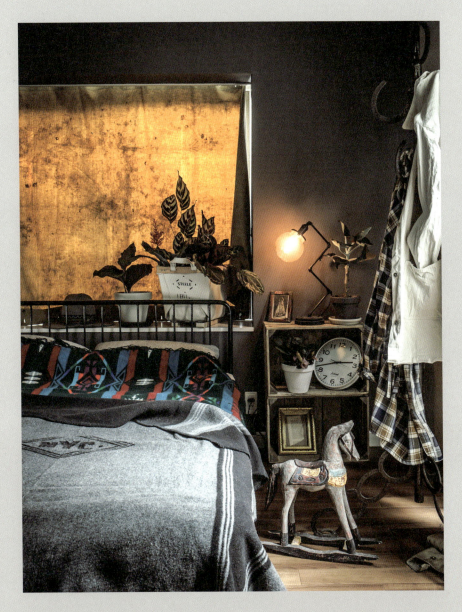

ラックにワークコートやチェックガウンコートを掛けてボリューミーに。ベッドカバーも柄のもので揃えているため、そこに合わせる植物もピンクの斑入りのもので色を掛け合わせて。色や柄で遊びを取り入れたスタイリングに小物を足すときは、シンプルなものをチョイスするとケンカせずにかわいらしくまとまってくれる。今回は、時計や鉢、フレームなど、白やゴールドの小物たちを棚にぎゅっと詰め込んで。

HOUSE ARRANGE
BED SIDE 3

シンボルツリーとなる大きな観葉植物をベッドサイドに。天井に沿って広がるような葉が、存在感抜群なので、棚に置く小物たちはあまり主張させず洗練された印象のものをチョイスすること。シンプルなワイヤーのライトともあいまって、メリハリのあるスタイリングに仕上がっている。スペースが空きがちな部屋のコーナーをうまく有効活用してみては。

HOUSE ARRANGE
BED SIDE 4

アレンジ3のようなサイズの大きい植物を変えるだけで印象がガラリと変わる。余白の空いてしまう白い壁の部分には、エアプランツとハットを飾ってみるなど、隙間を埋めるように壁のスタイリングを。色柄物の小物が多いので、植物の葉はインパクトの強すぎない、細かいものだと馴染みが良い。部屋の印象は小物の色合いでグッと変わってくるため、植物もバランスを見て色や形を選ぶこと。

COLUMN 1
PROCESS OF DECORATION
川本氏の新居が完成するまで

平屋から2階建ての家へ。シリーズ1作目と築年数もタイプも違う新しい住まいに移り、壁の色から照明器具、ファブリックや家具、小物にいたるまで、一から自分と愛犬が心地良く過ごせる空間のために、気に入ったものを選んでスタイリングを行っていった。その際に、川本氏がどのような部分にポイントを置いて選択していったのか、話を伺ってみた。

平屋での生活から新たな家へ

以前は昔ながらの平屋の家に住んでいたのですが、今回は2階建ての物件でイメージ的には正反対な家。内見に訪れたときに、まずはキッチンとお風呂の海外風のタイル貼りデザインに一目惚れをしたんです。あとは小さいスペースでもいいので庭がついていることが、僕にとって絶対条件でしたね。愛犬のゾロと住めるところというのも重要でした。窓もたくさんあるし、気持ちの良い陽の光が射し込んでくるので、すごく気に入っています。でも、いざ2階建ての家に住んでみると、階段を上るのが億劫になることがあります。次は階段のないところに住みたいなぁ……(笑)。『Deco Room with Plants』で住んでいた家も、その前も平屋だったので、階段に慣れていなくて。じつは2階に行かないでリビングで眠ってしまう……なんて日も時にはあります。

一からの新居改装をスタート

最初は壁紙をどうするかというところから決めました。白い清潔な壁紙ってキレイなのですが、日本の家っぽい印象が強いのと、全面真っ白というのがつまらなく感じたんです。壁紙は自分の目で見て選びたいと思って、壁紙屋さんに足を運びました。そうしたら、なんと今って4000種もの壁色から選べるようで、チョイスするのは大変かもしれないけれど、楽しんでできてしまいますよ。僕は、ショールームにも行って、いろいろ見ました。サンプルも持って帰ってこられるのが嬉しいところ。各部屋の色は、何かからイメージをしたわけでもなく、もとからリビングはこの色かこの色……と、"この色を使ってみたい"っていうのを2色くらいずつ決めていたんです。ベッドルームは、リラックスして安眠できる空間にしたかったので、パープル系のカラーを選んでみようかなとか。けれど、その中から何色を選ぶかというのは、サンプルを持ち帰って、実際に壁に合わせて見てからという感じでした。壁の色を変えることは、部屋のイメージに大きな変化を与えてくれるので、一面だけでも変えてみたら楽しいと思います。はがせる壁紙、もしくは、布をピンで壁に留めるのも簡単でオススメです。僕も今回は、壁紙に挑戦してみたい気持ちがあり、ペイントをしていません。海外に行ったらそのまま自由に壁を塗れるというのが当たり前ですが、日本はそれが難しいので。日本では白壁が多い家もたくさんあると思いますが、場合によってはシンプル

白い扉とグレーの床の玄関(左)を上がって廊下を抜ければ、右手に大きな出窓があるリビング・ダイニング(中)、左手にキッチン(右)が広がる。このいたって普通の家が川本氏の手に掛かると、玄関はグレーの壁とアンティークタイル敷きに、リビング・ダイニングの壁は、右手がエイジング加工を施したような柄もの、正面はオリーブ色、出窓部分はベージュ色へと変わり、キッチン横の壁はアンティークフレームで埋め尽くされ、目線を移すたびに新鮮な印象に。

COLUMN 1　PROCESS OF DECORATION

になりすぎてしまうこともあるので、こうした壁紙を使うと良いと思います。

インテリアや小物を選ぶポイント

今の家の部屋づくりで意識したポイントは、モダンなものと古いもののバランス。これを良い割合でスタイリングすること。モダンに見える壁の色合いや、小物の置き方はとても考えました。あと、植物のスタイリングの際は木の箱やスツールなど、立体感を出すために何か小物を準備しておくといいなと思います。いきなりすべてを作ろうとすると準備も気力も大変なので、ゆっくり構想を立てて、必要なものから揃えることが大切です。そういうもの選びをするときに、壁紙も必要なもののひとつとして考えてあげてみてください。たとえば、ニューヨークの部屋では、まずはネイビーのソファを置きたかったので、それを置くことを基準として考えて、このソファにはマスタードの壁が絶対に合う！と思ったんです。逆に、壁をラベンダー色にしたいから、そこに合うソファは何色だろうとか、テーブルはこっちよりこっちのほうが合う、という風に考えても良いですね。さらに、その場所に合う植物はこれかなとか、どんどん関連付けて考えていくとアイデアのバリエーションが膨らんでいきます。ただ漠然と考えているだけでは決まらないので、まずは何かひとつ決めてみましょう。僕はスタイリングをするときには、いつもそういう風に考えています。

今後のリノベーション計画は

今はとりあえず現状に満足しているので、家具や小物を足したり、配置を変えるということは、気分や季節で考えていきたいと思っています。例えば、出窓の窓枠を木の枠にしたり、電気のコンセントカバーを変えたり、もう少し細かいインテリアパーツを揃えて、部屋に深みを出していきたいです。時間のあるときに次はこういうところを変えていきたいですね！

今作のカバー写真撮影の場となった、クリーム色のタイルのバスルームは、家の中でもお気に入りの場所。壁と同じタイルが敷いてある床面に、フランスで購入したアンティークのタイルを敷き詰めて彩りをプラスしている。窓辺に植物を並べて置いてもかわいい。

リビング・ダイニングからキッチン方向を向けば、庭（左）が望める。2階にはベッドルーム（中）と、川本氏にはなくてはならないシューズルーム（右）が。グレーベースの殺風景だった庭は、古材やアンティークの扉を立て掛けた囲いを大胆に取り入れ、小さなスペースでも工夫次第で大きく印象を変化させた。ベッドルームも壁紙を変え、出窓にはテント地のカーテンを使い光の色に変化を、シューズルームでは木箱を棚として使い、まったく異なった印象に。

GUERRILLA PLANT
in ASIA

Contents 2

GREEN FINGERS INSTALLATION in TAIWAN & JAPAN

グリーンフィンガーズのインスタレーション

川本氏の植物によるインスタレーションは、活動の拠点を置いている東京、ニューヨークだけでなく、様々な国内外の地域で多くの反響を呼んでいる。今回訪れたのは台湾の台北市にある「下北沢世代」、「FUJIN SWELL」、「61NOTE」の3店、そして以前から親交のある日本・富山県の「FOREMOST」。各ショップやブランドのコンセプトや雰囲気を汲み取り、さらに可能性を広げていく、川本氏の表現力に注目する。

下北沢世代 *Shimokitazawa Generations*

台北市中山駅の近くにショップを構える「下北沢世代」は、書籍や雑誌、リトルプレス、ZINEなどを扱うセレクトブックストア。オーナーのMoniqueは、台湾の大型書店である誠品書店内のギャラリーでも展示を行うほど、その感性に信頼が置かれている。台湾クリエイターがおすすめする、アーティスティックなセレクトを見に訪れてみては。

台北市中正區和平西路二段141號2樓之1
土日のみ営業　13:00-20:00
+886 (02) 2314 5650
Facebook: shimokitazawa.books

やわらかい光が射し込む心地良い空間では、時間がゆるやかに流れていくような感覚を覚える。窓辺に掛けたメッシュラックには、ポストカードや手紙、お気に入りのZINEを挿し込んで。植物は本やカードと相性が良いので、さりげなくインテリアにプラスすることができる。

シンプルでいて洗練された感覚と、新しい発見に出会うことができる「下北沢世代」。ショップには日本人アーティストの作品も数多くあり、ZINEなどから広がる新たなアプローチを提案している。ショップ名の下北沢は、日本の下北沢が好きでそこからつけた名前だそう。

モノクロの写真集に合わせたいのは、深みのある緑が男性的な印象の植物。一緒に置く本の色味をトーンダウンさせるだけで、スタイリッシュなスペースに仕上がる。この場合の植物の入れ物は木の箱、琺瑯のお皿など、どんなものでもマッチする。高低差を出してスタイリングすることで動きを出して。

テラコッタの鉢にドローイングを描いて彩りをプラス。電球や象の置物などの小物と植物を組み合わせて棚の世界観を作ることで、思わず近くに寄って見たくなるような、遊び心を取り入れたスタイリングに仕上げている。上段には垂れ下がるような葉のものを置いて抜け感を。

富錦風浪 *Fujin Swell*

台北の富錦街（フージンジェ・Fujin Street）にあるメンズセレクトショップ。ファッションからライフスタイルグッズまで、センスの良いセレクトで取り揃えており、まさに台湾の「今」を発信している場所と言える。街路樹が緑のトンネルのように茂ったメインストリート沿いにショップを構えており、通りに面した大きなガラス戸からは、暖かい陽射しと爽やかな風が吹き込む。

台北市松山區富錦街479號
12:00-20:30
+886 (02) 2765 6250
https://instagram.com/fujinswell

外からでも中からでも、植物の表情を楽しむことができるスタイリングに。角度を変えて見るたび、様々な変化を楽しむことできる。ショップの前を通る人たちの目線を集めるように、できるかぎり多種類の植物を取り入れた立体感のある作品に。

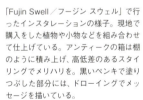

「Fujin Swell／フージン スウェル」で行ったインスタレーションの様子。現地で購入をした植物や小物などを組み合わせて仕上げている。アンティークの箱は棚のように積み上げ、高低差のあるスタイリングでメリハリを。黒いペンキで塗りつぶした部分には、ドローイングでメッセージを描いている。

アンティークのミシン台の足だけを使用したり、土をそのまま木の蓋や琺瑯のお皿へ取り出すなど、キレイにまとめるだけではなくジャンクな要素を。メンズのセレクトショップなので、かわいらしい印象ではなく、男っぽいワイルドな空気感を今回のテーマとして。

61NOTE

台北市の中山駅にある「61NOTE／61ノート」は、オーナーを務める東さんこだわりの品物を揃える雑貨店。自ら実際に使用して、納得したもののみをセレクトしているため、使い心地だけでなく、アイテムの歴史などより深い感覚を共有することができる。ショップ内には雑貨店のほかに、カフェとギャラリーも併設。感度の高い人々の心を掴む空間が広がっている。

台北市南京西路64巷10弄6號
12:00~21:00　月曜定休
+886 (02) 2550 5950
http://www.61note.com.tw

階段を使ったスタイリングは立体感を出しやすいので、空間を作るときには面白い場所。置くだけでなく吊るすなど応用を利かせて。「TEMBEA／テンベア」のバッグを鉢カバーのように見せたり、「REDECKER／レデッカー」の泥ふきブラシを飾りとしてスタイリングに。

地下に降りていく階段上のデッドスペースに、小さな鉢を並べて。上に向かって伸びていく植物と、下に向かって垂れ下がっていく植物を交互に置いて、キッチリとし過ぎずランダムな印象に。

「REDECKER」のブラシのカッコ良さを生かして、観葉植物やエアプランツを紛れ込ませながら撮影をした作品。「TEMBEA」のバッグはカラフルな色合いで並んでいる姿がかわいいので、種類の違う観葉植物を間に挟んで、よりカラフルさを強調。

FOREMOST TOYAMA

富山県富山市の中央通りにショップを構える古着屋「FOREMOST／フォアモースト」。US古着の他、デットストックのジーンズやセレクトアイテムを扱っている。訪れる人々が口を揃えて名店と語る理由は、肌で感じる質の高さだけに留まらず、オーナーの絶対的な知識の豊富さと、誰もが認めるセンスにある。ジャンルも豊富に揃い、虜になること間違いなし。

富山県富山市中央通り1-3-13
10:30-19:00　水曜定休日
076-492-8634　http://foremost.jp

秋冬に向けた模様替えをテーマにしたインスタレーションの様子。ショーウィンドウの中で、植物とドローイングを組み合わせたライブパフォーマンスを行った。植物とヴィンテージものはとても相性が良く、小物も古いトランクやウッドボックスを使うことでさらに雰囲気を演出している。

「FOREMOST」のオーナーの根本さんと、Tシャツコラボの打ち合わせ中。レジの天井部分には、ドライフラワーをたくさん挿し入れてボリューミーなスタイリングに。

以前お店の装飾をした際に描いた黒板のドローイング。今回インスタレーションを行ったショーウィンドウの中にあったものを気に入ってもらい、お店の中のインテリアの一部として。

白い壁一面に、フレッシュとドライの植物を標本のように貼って、1枚の絵画のように。床面はすべて黒いブーツで隙間なく埋め尽くすことで、マニアックな印象に仕上げている。

ショップに置いてもらっている、グリーンフィンガーズモデルのエプロンとバッグ。使用するほど風合いが増す生地感と、デイリー使いできるシンプルなデザインは川本氏自らも愛用している。

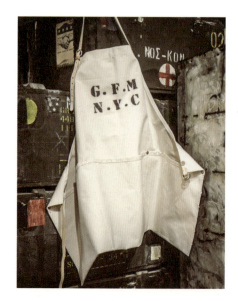

『Deco Room with Plants in NEW YORK』Release Party in FREEMANS SPORTING CLUB – TOKYO

シリーズの2作目である『Deco Room with Plants in NEW YORK』の刊行を記念し、リリースパーティと本書用に撮影された写真の展示をFREEMANS SPORTING CLUB - TOKYO B1F RESTAURANT BARにて開催した際の様子。鹿の剥製は、首のまわりに植物を差し込みリースのようなデザインに。窓上の壁面にはアートのように葉を1枚ずつ貼って彩ることで、空間が寂しくならないようなスタイリングにしている。ニューヨークで撮り下ろした未掲載カットなども展示することで、より一層ニューヨークの空気感を感じることのできる空間となった。

○フリーマンズ スポーティング クラブ 東京
東京都渋谷区神宮前5-46-4 イイダアネックス表参道

Contents 3
WORKS OF GREEN FINGERS

グリーンフィンガーズの仕事

前作『Deco Room with Plants in NEW YORK』のリリースパーティーに始まり、丸の内ビルでのエキシビジョンや店舗施工、ブランドとのコラボレーションなど、川本氏が手掛けてきた仕事を紹介。様々なジャンルからの要望を自らのセンスと組み合わせ、見事に世界観を実現させる、その感覚の鋭さと意識の高さは、私たちが今までに見たこともないような作品を次々と完成させていく。新しいものを吸収しながら、日々進化を続ける彼の感性の広がりは、まだまだ未知の可能性を秘めていると言えるだろう。

Exhibition
『HIDDEN GARDEN by SATOSHI KAWAMOTO』
in (marunouchi) HOUSE LIBRARY

2014年12月17日から12月28日、新丸ビル7階の丸の内ハウス"LIBRARY"スペースにて開催された、川本氏のクリスマスエキシビション。グリーンスタイリング「HIDDEN GARDEN」と題した展示は、都会にひっそりと隠れたガーデンを連想させる空間がテーマ。ボタニカルを様々な角度から切り取り、演出する手法を提案している。机の上に大胆にセッティングされた植物や、スペースの一画を小さな庭を切り取ってきたかのように演出するなど、迫力のある展示となった。また、『Deco Room with Plants in NEW YORK』の刊行を記念した、川本氏による書籍販売会も当時開催された。

○新丸ビル7階 丸の内ハウス内「LIBRARY」
東京都千代田区丸の内1-5-1 新丸ビル7F

『Deco Room with Plants in NEW YORK』
刊行記念フェア in 代官山 蔦屋書店

『Deco Room with Plants in NEW YORK』の刊行を記念し、代官山 蔦屋書店の建築・デザインフロアにて、フェア用の棚をまるごと一棚スタイリング。棚の中だけではなく、縦横と立体感のあるスタイリングで、書店の中に植物による異空間を作り上げた。シリーズ1、2作目、川本氏が出演した雑誌なども販売された。

○代官山 蔦屋書店
東京都渋谷区猿楽町17-5

BROWN RICE by NEAL'S YARD REMEDIES

ショップ、スクール、サロン、レストランなどが併設された「NEAL'S YARD REMEDIES」の、リニューアルオープンの植栽を担当。クリエイティブディレクターとしてエントランスやテラスのグリーンセレクトを手掛けている。植物が織りなす心地の良い空気感は、閑静な通りに位置するショップの雰囲気をさらに引き立てている。

○ブラウンライス バイ ニールズヤード レメディーズ
東京都渋谷区神宮前5-1-8 1F

伊勢丹新宿店
グローバルグリーン
キャンペーン

伊勢丹新宿店にて開催された「グローバルグリーン キャンペーン」でのスタイリング。「人と自然の、ここちよい関係を知る。」をテーマとして、自然を取り入れた新しいライフスタイルを提案。廃材のスツールやテーブルに植物を飾るなど、再生された資源と過ごすエシカルな暮らしの空間を演出。

○伊勢丹新宿店
東京都新宿区新宿3-14-1

Taka Ishii Gallery

東京・清澄白河にギャラリーを構えていた、タカ・イシイギャラリーが北参道へ移転。ギャラリーのエントランスまわりの植栽スタイリングを担当。白を基調とした洗練された空間に、自生をしているかのようなワイルドな植物を合わせたギャップのある植栽が新鮮。シンプルな空間を一層引き立てる演出となっている。

○タカ・イシイギャラリー
東京都渋谷区千駄ヶ谷3-10-11 B1

SHARE PARK
グランツリー武蔵小杉店

品があり、質の高い大人のカジュアルを提案するセレクトショップ「SHARE PARK」が、「グランツリー武蔵小杉」にオープンした際のスタイリング。囲われた鉄枠の中に、標本のように並べられたドライフラワーは、余計なものをそぎ落とし、あえてシンプルに仕上げたことで洗練された印象に。

○シェアパーク グランツリー武蔵小杉店
神奈川県川崎市中原区新丸子東3-1135
グランツリー武蔵小杉2階

agete GINZA

「agete GINZA」のオープン記念として植栽を担当。白いしっくいで仕上げられた外壁に映える植物は、様々な種類の葉を組み合わせて構成されており、女性らしさと内に秘めた個性を感じるデザインに。店内もアンティークのフローリングや家具が配置され、植物とあいまったプリミティブな空間に仕上がっている。

○アガット 銀座
東京都中央区銀座2-4-5

united bamboo
銀座店

「united bamboo」銀座店のオープン2周年記念イベント。ニューヨークの街並みをイメージした店内に、川本氏のボタニカルアートをスタイリング。モノトーンを基調とした内装や、壁のレンガ、木の什器と植物の相性もマッチした仕上がりに。

○ユナイテッドバンブー 銀座店
東京都中央区銀座2-2-14 マロニエゲート 2F

THE NORTH FACE STANDARD
二子玉川店

「THE NORTH FACE STANDARD 二子玉川店」のオープン記念として植栽を担当。二子玉川という場所と「THE NORTH FACE STANDARD」という、街中でもアウトドアスタイルを楽しむユーザーに対するブランドコンセプトを考慮しながら、街に合ったワイルドさを植物で演出している。

○ザ・ノース・フェイス スタンダード
二子玉川店
東京都世田谷区玉川1-17-9

TODD SNYDER TOWNHOUSE インスタレーション

アメリカンクラシックを原点に、ドレスとストリートといった異なる要素をミックスさせながら、現代のジェントルマン・クロージングを提案するニューヨークブランド「TODD SNYDER」のコンセプトストアである「トッド スナイダー・タウンハウス」でインスタレーションを担当。

○トッド スナイダー・タウンハウス　東京都渋谷区神宮前6-18-14

MR PORTER インスタレーション

メンズショッピングサイト「MR PORTER」がニューヨークシティ・ショールームで行った、日本のブランド(「BEAMS PLUS」「BEAMS T」「NEIGHBORHOOD」「REMI RELIEF」「blackmeans」)とコラボレーションした限定のカプセルコレクションのインスタレーション。樹木やシダなどワイルドな植物を使ってコレクションと融け合うかのようなスタイリングに。

○ミスター・ポーター
http://www.mrporter.com

Photographed by Stephanie Eichman

Photographed by Satoshi Kawamoto

HUNTING WORLD コラボバッグデザイン

「HUNTING WORLD」と川本氏のコラボデザイン。川本氏が"自ら持ちたいと思う「HUNTING WORLD」のバッグ"をイメージして、コラボデザインを手掛けている。上質な皮のボディにスタッズでネイティブ柄を施したことで、カジュアルスタイルにもマッチするようなデザインが完成した。

○ハンティングワールド

Photographed by Amanda Vincelli

RARE WEAVES プレゼンテーション

「RARE WEAVES」デザイナーのHartley Goldsteinと川本氏の表現したプレゼンテーション。会場内では、「GENTRY」のスタイリストであるJustin Dean、フォトグラファーのMikael Kennedyとともに撮影をした、写真の展示も行われた。

○レアウィーブス　http://rareweaves.com

Underground Dining: SOSHARU インスタレーション

話題のスポットを紹介するオンラインソース、「Melting Butter」と、ソーシャルサイトを展開する「Sosh」とのギャザリングで行われた、現代日本の食や飲料、デザイン、音楽や文化などを楽しむランチの会でのインスタレーション。料理をさらに美しく魅せるような和の要素を織り交ぜたスタイリングに。

○メルティングバター　http://www.meltingbutter.com
○ソッシュ　http://sosh.com/home

Photographed by Paul Barbera of Wheretheycreate.com

GREEN FINGERS × Larose Paris
コラボコレクション

パリ発のハットウエアブランド「Larose Paris」と「GREEN FINGERS」のコラボコレクション。ベースボールキャップ、5パネルキャップの他、ホワイトとグリーンのフェドラハットなど3種類6パターンの帽子を制作。写真はNYファッションウィーク中に行ったプレゼンテーションパーティーの様子。

○ラローズ パリ
http://laroseparis.com

Photographed by Wataru Shimosato

Madewell 2016AW
インスタレーション

「J.Crew」の姉妹ブランドとして、アメリカで人気を誇るファッションブランド、「Madewell」の2016年autumn／winterプレビューでのインスタレーションを担当。日本にはまだ未上陸だが、上品・カジュアルでありながらも、トレンドを押さえたデザインに注目が集まっている。

○メイドウェル
486 Broadway NY, 10013 USA

Photographed by Naoko Takagi

COLUMN 2
STYLING OF GF HOTEL
GF HOTEL について

川本氏がニューヨークで試していることのひとつが"GF HOTEL"。現在行っているのは、新たに借りたアパートメントで自由にスタイリングを手掛け、作品として提案をすること。ひとつのアパートメントをプロデュースし、自らの世界観を表現している。この経験をもとに、さらに多くのジャンルへの挑戦を計画しているそう。

作品 "GF HOTEL"

この部屋は、自分でスタイリングを手掛けた、作品としてのアパートメントです。スタイリングの提案の場として以外は使っていないのですが、友人がニューヨークへ遊びに来たときには泊まってもらうことも。アートとしてだけではなく、ちゃんと生活ができるような意図も踏まえたスタイリングにしていることもあり、見にきた人にも、実際に泊まった知り合いなどからも、とても評判が良いです。『Deco Room with Plants in NEW YORK』で登場した、今自分が生活をしているマスタード色の壁の部屋も、いずれはこのアパートメントのように、表現の場にできたらと思っています。それで、自分は新しい家へ引っ越してしまおうかな、なんて（笑）。僕は、常に新しい形での表現をする場が欲しいなと思っているので、まずは物件から探してみようかなと……。将来的には、日本、ニューヨークに限らず、その国や街に訪れるたびに泊まりたくなるようなホテルを手掛けてみたいと思っています。例えばアパートメント一棟をすべてプロデュースできたりしたら、すごく素敵ですね。宿泊施設の内装はすべて変えてスタイリングし、欲を言えば部屋だけではなく、レンタルバイクがあったり、一階はカフェと雑貨屋になっていて、植物やヴィンテージのアイテムを見ながら、カフェでお茶をしたりなど、ゆったりとした生活を豊かな気持ちで送ることができる空間のトータルプロデュースを、いつかは手掛けたいですね。

COLUMN 2　STYLING OF GF HOTEL

コバルトブルーの壁が印象的なベッドルームは、陽射しがたっぷりと射し込む大きな窓が特徴。植物は、角に背の高いものを、窓辺や机の上には小さめの鉢ものを置いて、部屋全体にメリハリを。

エアプランツはさりげなく置くだけで、物足りなかった部屋の印象をセンスよく仕上げてくれる。バスルームは、ニューヨークの地図柄を取り入れてポップ仕様に。

壁のレタリングは、チョークボードペイントでレタリングスペースを作って描いた、友人のためのウェルカムメッセージ。

ダイニングには、GF HOTELとレタリングを施した絵画などで、アート要素を散りばめて。高さのあるボックスの上には、垂れ下がるような葉を持つ植物を置いて動きを出すのがおすすめ。

Contents 4

THE SHOPS in JAPAN & NEW YORK

日本＆NYのショップについて

前作では「GREEN FINGERS 三軒茶屋店」「GREEN FINGERS NEW YORK」として登場をした2店舗。三軒茶屋店には"COFFEE & BIKE"が加わり、ニューヨーク店は「GREEN FINGERS MARKET」としてリニューアルオープン。さらにニューヨーク店の要素を取り入れた「GREEN FINGERS MARKET YOKOHAMA」が加わり、取り組みも新たに、よりライフスタイルと植物のスタイリングの提案にフィーチャーしたショップたちを紹介。ショップやブランドコラボなどを手掛け、年々進化を遂げる川本氏のディレクションに、多くの期待と注目が集まっている。

GF COFFEE & BIKE

川本氏自身がニューヨークで感じたカルチャーをもとに、植物やヴィンテージインテリアなどのほか、コーヒースタンドや自転車のカスタムスペースを取り入れ、よりライフスタイルに密接したショップにリニューアル。

○ジーエフ コーヒー アンド バイク
東京都世田谷区三軒茶屋1-13-5 1F
月〜金 8:00-18:00
土日祝 12:00-20:00
水曜定休日
03-6450-9541

まずは、様々なコーヒー豆の種類を試してみることから始まり、スタッフと共にこだわり抜いて完成した1杯。味や香りは、自分の好きな風味を出すことを意識し、酸味は抑えめで、香ばしさを感じる豆を選んでいる。

GREEN FINGERS COFFEE & BIKE

自転車は西海岸のブランド「Linus Bikes」。ショップのイメージに合うデザインと、本格使用のロードバイクではなく、ライフスタイルに馴染む雰囲気の良さがポイント。ヴィンテージパーツと組み合わせることもできる。

THE SHOPS in JAPAN & NEW YORK

GREEN FINGERS MARKET

植物、インテリア、雑貨、ヴィンテージの服など、様々なものと出会える場所という意味を込めて"マーケット"という名前に。「ここに来たら何かを見つけることができる」そんな新しい発見のあるショップを心掛けている。

GREEN FINGERS MARKET
NEW YORK

以前「GREEN FINGERS NEW YORK」を構えていた場所から、4ブロック離れたところへ「GREEN FINGERS MARKET」をリニューアルオープン。少しの位置の変化だけで、人の流れも雰囲気もまったく違うものになったそう。

○グリーン フィンガーズ マーケット ニューヨーク
5 Rivington Street, New York, NY 10002 USA
月〜土 12:00–20:00
日 11:00–19:00
+1 (646) 964 4420

GREEN FINGERS MARKET NEW YORK

目指しているのは、パーティーやデートなど、どこかに出かける前に軽く立ち寄り、気の効いたものを買えるようなショップ。いつ来ても楽しめる品揃えやパフォーマンスで、訪れた人に新鮮な驚きを感じてもらえるように。

THE SHOPS in JAPAN & NEW YORK

バックヤードも広くてお気に入りの場所。新しいショップを決めるにあたって、庭の存在は条件のひとつ。ここは「Maison Kitsuné／メゾン キツネ」と一緒に使っている場所で、庭はすべてGREEN FINGERSで施工をしたもの。

GREEN FINGERS MARKET NEW YORK

「BAGSINPROGRESS／バッグスインプログレス」のバッグや、「LARRY SMITH／ラリー・スミス」のジュエリーなど、質の高いセレクトが揃うのも魅力のひとつ。

ヴィンテージクロージングのセレクトは、「FOREMOST」のオーナーである根本氏とJohn Gluckowの、世界的にも有名なディーラーの方々にお願いをしている。そのため、それを目当てに訪れるお客さんも多い。そこから、ショップに置いてある植物に目を留めて、興味を持ってくれることも。

植物を目的としてショップに来た人が、質の良いヴィンテージクロージングに出会ったり、家具を見に来た人が、それに合わせて植物をスタイリングするなど、このショップから広がる、素敵な出会いがここにはたくさん待っている。

GREEN FINGERS MARKET YOKOHAMA

ニューヨークのアパートメントをイメージしてデザインされたショップ内は、植物とインテリアがマッチした空間が広がっている。ヴィンテージの家具や小物と植物があいまったスタイリングの世界に浸りつつ、ショッピングを楽しむことができる。

○グリーン フィンガーズ マーケット ヨコハマ
神奈川県横浜市西区南幸2-15-13 横浜ビブレ1F
11:00-21:00　045-314-2580

リビングフロアにはガーランドフラッグと、流木の星モチーフ、「SECOND LAB／セカンドラボ」のフロアマットをアクセントとして。

GREEN FINGERS MARKET YOKOHAMA

ベッドルームをイメージしたフロアはオリーブカラーで落ち着いた印象に。大きめの観葉植物を置いてスペースを大胆に使っている。クローゼットのフロアはくすんだブルーを効かせて。植物はさりげなく鉢で。

バスルームはケアグッズなどが揃うスペース。シックなチャコールグレーの壁と、タイル敷きの床があいまって、海外のような雰囲気を醸し出している。

センスの良いヴィンテージ家具が揃うショップ内。ライトやイスなどの他、木箱などのちょっとしたツールも豊富に取り揃えている。植物は、ダイニングテーブルの上にグラスドームをひとつ置くだけでアートな彩りが。

インテリア類の他にも、メンズのグルーミンググッズなどのスキンケアアイテムから、質の良いヴィンテージクロージングなども置いており、ライフスタイルをトータルプロデュースできる空間になっている。

ライフスタイルに欠かせないツールである自転車も、タワー式のディスプレイラックで、スタイリングの一部として見せる提案を。

プレゼントにも最適な小さめの多肉植物や、ドライフラワーの花束など、植物にも注目したい。購入した小物や家具に合わせて植物のスタイリングを考えるなど、イメージをさらに膨らませることのできるスペース。

INTERVIEW
ABOUT THE SHOPS

3つのショップが現在の形になるまで。そして、これから

「GF COFFEE & BIKE」に関しては、ニューヨークで生活をしているときに、コーヒーや自転車って生活に密接に関わりのあるものという感覚をすごく肌で感じて、それが僕にはとても有意義なものに思えたんです。なので、うちのお店もライフスタイルを提案する場所として、そういったところを取り入れていきたいなと思ったんです。自分ではコーヒーをいろいろ飲み歩いたりしますが、毎朝コーヒーショップに行って、ちょっとつまめるものを買って……という感覚が、日本で根付いていくのって少し時間がかかるのかもしれません。自転車は「Linus Bikes」という西海岸のブランドのものです。ライフスタイルに寄り添ったデザインが、うちのお店とも合うと感じました。あとは、古い競輪のフレームを組み立てたり、ヴィンテージパーツの扱いもあります。「BROOKS／ブルックス」のレザー製サドルなどパーツにもこだわりを。コーヒースタンドや自転車を扱い始めてからも良い反応をいただいています。植物とインテリアだけではなく、僕自身が興味のある良いものを取り入れて、ショップにさらに深みを出したかったんです。

「GREEN FINGERS MARKET NEW YORK」は、植物からヴィンテージの服まで様々なものが揃う"マーケット"。訪れた人に驚きを与えたいという気持ちと、このお店からいろいろなことを感じて欲しいという気持ちを込めて、多ジャンルのものを扱っています。「服が好きなので服だけお金をかけている」、「住む場所は特に気にしない」、「食べ物にだけはお金をかけます」など、そういう感覚の人って意外と多いと思うのですが、もっとライフスタイル全体に興味を持ったら面白いことがあるということを発信していきたいんです。自分がこういうスタイルのお店をやることで、様々なことに興味を持ってくれる人が増えると嬉しいです。今後は、NYのお店でもコーヒースタンドとかを始めたいですね。コーヒースタンドを作ったら、店内やバックヤードでゆっくりとお茶をしながら過ごせる場所にしたいです。定期的に店内の商品やディスプレイも変えているので、これからも進化をしていくショップだと思っています。以前のお店より、単純に面白みが増えてどんどん新しい空間に生まれ変わっています。

「GREEN FINGERS MARKET YOKOHAMA」は、「GREEN FINGERS MARKET」の日本一号店として、ライフスタイルグッズが詰まっているお店にしたいという思いがありました。ニューヨークのお店とコンセプトは同じで、いろいろな要素が楽しめる内容に。もし、ニューヨークでやっている「GREEN FINGERS MARKET」を日本で展開するとしたら、どのようなお店になるだろうという構想を重ねて、面白いものができあがったと思います。植物に限らず、インテリア小物やヴィンテージもの、メンズのグルーミンググッズと、こだわりのアイテムを展開していきます。日本での評価が良ければ、今後は路面店なども考えてみたいです。ひとつの大きな家のような建物をショップにして、中には庭も。コーヒーも飲めて、焼きたてのパンも食べることができて、インテリアも服も手に入る、というようなところが理想ですね。いつか実現できるように、構想を練っていきたいと思っています。

Contents 5

in MY MIND

今、考えていること

川本氏が東京とニューヨークに拠点を置き、2都市を行き来する生活も2年以上が過ぎる。そのようななか、ショップのリニューアルオープンやラフォーレ原宿での大型エキシビション開催、他都市でのショップの展開など、彼のまわりの環境は今も大きな変化を続けている。新たな取り組みを手掛け、現状で満足することのない意識の高さと、何より様々なものを吸収しようとする好奇心の強さが、彼の原動力となっているのだろう。今後、川本氏の手を通してどのようなことが発信されていくのか、今の感覚やこれから思い描いている構想について伺った。

DECO ROOM with PLANTS　here and there

「今までグリーンフィンガーズのことを、気に留めていなかった人たちをどうやって振り向かせるか。
僕の表現していることを見て、"面白い"って感じてもらえるようなきっかけを作りたい」

ファッション誌を見に来た人も手に取るようなガーデニングに留まらない表現を

シリーズ1作目の書籍『Deco Room with Plants』制作のときと比べると、僕のまわりの環境は劇的に変化しました。2作目の「NY編」刊行以降も増えましたが、日本・ニューヨークのお店がリニューアルしてからは、国内外ともにいろいろなお仕事も増えて、さらにGREEN FINGERSの認知度が上がった気がします。1、2作目ともに、外国語版を出させてもらっているのも大きいです。
書店でも、ガーデニングセクションを見に来た人が手に取ってくれるだけではなく、ファッション誌を見に来た人が、「あれこんな本あるの?」と、この本に興味を持ってくれることも多いみたいです。今まで出した『Deco Room with Plants』のシリーズを見て「衝撃を受けました」というコメントをくれる人もいます。あとは、インスタを見ていてくれたり……。本を参考にして植物を飾ってくれている人たちを見ると、自分もちゃんと影響を与えられているのかもしれないって思えるんです。頑張ろうって気持ちが強くなりますね。
今度の春には東京で個展をする予定なのですが、今までやったことのないタイプの個展を開きます。新しい表現方法をしていきながら、今まで僕の作品を気に留めていなかった人でも、面白いと感じてもらえるようなきっかけを作っていきたいと計画をしています。

失敗を恐れずに今やるべきと感じたチャンスには絶対に挑戦をする

『The New York Times』紙が運営するT Magazineへの出演や、『GQ』、『DETAILS』、『PAPERMAG』、NY Art Book Fairのインスタレーション、海外の大きなブランドとの仕事など、ニューヨークの仕事仲間と話をしていると「ありえない早さなんだよ!」と言われたりもします。まずニューヨークに来て半年でお店を出し

in MY MIND

た人なんていないと。これから先も作品を作り続けていく中で、半年後でも一年後でも、自分がいつでもベストの状態でいられる環境を作ることができたらと、そのことについては常に考えています。今できる最高の表現をしていきたいんです。上へ上へと求めていく姿勢、こういうところが自分の良いところだと思います。

やりたいことがあるときには、とにかくやってみようという意欲を一番大切にして、失敗したときのことはあまり考えないんです。今ここでやるべきチャンスと感じたら、絶対にやります。問題点が出てきたら、それはそのときに考えていけば良いという……。もしかしたら僕は経営者向きではないのかもしれませんね(笑)。これからも表現者として、やりたいことをやります!

**「GREEN FINGERS MARKET」への
リニューアルによって気がついたこと**

表現のひとつとして、最近では、ニューヨークの「GREEN FINGERS MARKET」の構想を思いついたときに「早くみんなに見せたい!」という、気持ちが強くなりました。今までにないようなお店を作りたかったので、試行錯誤を繰り返しながら作り込んでいきました。

お店の場所も、運命と言っていいのか何と言っていいのか、本当に良い場所に構えることができて。もともとギャラリーだった場所が空いていたんです。物件が見つかる前は、ひたすら探しまわっても良いところがなくて困っていました。それで、いろいろと内見にも行きながらフラっと道を歩いていたら、偶然この場所に空き物件の張り紙を見つけたんです。場所的にも、「Freemans」や、「Morgenstern's Finest Ice Cream」という人気のアイスクリーム屋さんが目の前にあるストリートなので、とても良い場所に巡り会えて借りることができたと思っています。この間も2作目の『Deco Room』を見ていたときに、「このときはイーストビレッジだったんだ!」と驚いて。ここの店も良かったけれど、ロウワー

「自分は人よりさらに新しいことを発信していかなくてはと感じています。
知識や感覚を持ち続けることに終わりはないので、僕はおじいさんになっても一生学ぶ姿勢でいたいですね」

イーストサイドの今のお店のことを考えると、ちゃんと進化しているなと思えました。今のお店の形態にしてからは、このお店の何かに興味を持って訪れた人が、ここでまた別の何かに興味を持ってくれるのが自分にとって嬉しいことだなと感じています。あと、評判もとても良く「面白いことをしているね」と言ってもらえているんです。やりたいことをしっかり伝えられている実感があるし、時間を追うごとに環境が良くなっていく感覚もあります。いろいろな人とのコミュニティもさらに増え、輪が広がっていくなかで、お店も自分自身もさらに成長をしていけるのではないかなと思っています。

2015年の10月には「GREEN FINGERS MARKET」の日本一号店として、「GREEN FINGERS MARKET YOKOHAMA」がオープンし、こちらも好評なので、これから先も自分の思い描いているお店の形を実現していければと考えています。

自分なりの方法で提案する植物を使ったライフスタイルへのアプローチ

今、似たような職種の人が段々と増えてきているというか、植物をセンス良く並べたりする植物屋さんが多くなってきていると思うんです。でも僕は、インテリアの中にどうやって植物を取り入れたら良いかとか、こんなものとこんなものをミックスしてみようとか、常に新しい感覚をライフスタイルに添った形で提案して、作品を作っていきたいです。個展で自分の世界を思う存分表現するということも大切にしていますが、クライアントさんがいる仕事や何か目的があって作る作品であるとか、異業種の人たちと何かを作り上げていくことをもっとしていきたいですね。1＋1が2ではなくて、100になるようなことをしてみたいんです。

人生一度きりなので、より多くの人に自分の表現を見てもらえると嬉しいですよね。僕の作品を見た人が、こんな感じもありなんだって思ってくれたらと考えています。

in MY MIND

押しつけではなくて、これを自分に合わせたらどうなるのかなとか、良いところだけ掻いつまんでマネするくらいのラフな感覚でいいんです。

**ものづくりや空間作りをする人として
常に新しい知識を取り入れる意識を**

僕は生涯進化し続けていきたいです。新しいものをどんどん表現していきたいし、自分の中で止まっていたくないという気持ちがあります。いつでも勉強は必要だと思いますし、頭に入れていったものってどんどん知らない間に抜けていってしまうので、ものづくりや空間作りをするにあたっては、常に知識を入れていく作業を繰り返ししていかないといけないと思います。そういう作業をしつつ、「1年前よりも、今の自分が表現していることのほうが、ちゃんと素敵な表現ができているな」と感じられる自分でいたいです。なので、お店や空間作りだけじゃなくて、いろんなディレクションもしていきたいですし、ファッションのデザインをしてみたりと、挑戦の幅を広げ続けていきたいです。例えばですが、変化を望んでいるレストランがあったなら、お客さんの層などいろいろ見つつ提案をし合い、リニューアルさせていくなど……。植物のイメージだけに留まらない人になりたいです。僕はガーデナーではないですし、

誰も真似できない人になりたいですね。川本諭って言う名前が職業みたいなもの。プロダクツやお店に関してもマネをしてくれる人がいるのですが、マネされる側になれているということに喜びを感じつつ、自分はさらに新しいことを発信していかなくてはと感じています。

新しい感覚を持ち続けていかないと、という気持ちはこの本のシリーズ3作目でも共通して言っていること。自分におごって、「自分は結構すごい」なんて思い出したら成長しないと思うので、僕はおじいさんになっても、一生学んでいきたいです。ちゃんと進化していかないと人間的にも魅力がなくなってしまうと思うので。

ABOUT
GREEN FINGERS

グリーンフィンガーズについて

それぞれちがった個性を持った、国内9店舗とNYに展開するショップを紹介。国内メイン店の三軒茶屋店では、コーヒーショップと自転車の展示・販売を展開したり、NY店では移転を機に新たなコンセプトのマーケット形態へのチャレンジをしたりと、植物や雑貨を販売するだけではなくライフスタイルを楽しむ方法の提案をしながら、常に良いものを目指して変わり続けるグリーンフィンガーズに、ぜひ足を運んでみて。

GF COFFEE & BIKE

三軒茶屋の閑静な住宅街にあり、国内でのメイン店舗としてアンティークの家具や雑貨、アクセサリーまでが揃うショップ。また、他ではあまり見かけることのない珍しい植物に出会えるのも魅力。今年に入り、NYでの経験から川本氏が興味を持つようになった、コーヒースタンドと街乗り自転車の「Linus Bikes」の展示・販売も行っている。コーヒーを片手に日常を豊かにするようなライフスタイルのヒントを、訪れるたびに再発見できる空間となっている。

東京都世田谷区三軒茶屋1-13-5 1F
月〜金 8:00-18:00
土日祝 12:00-20:00
水曜定休日
03-6450-9541

GREEN FINGERS MARKET NEW YORK

2013年にグリーンフィンガーズ初の海外ショップとしてオープンしたNY店は、様々な店が集まるマーケットの雰囲気を楽しんでほしいという思いから、2014年に複数のブランドを集めた「GREEN FINGERS MARKET」として再始動。アートやカルチャーのムードが漂うマンハッタンの街の賑やかな通りに移転し、植物と寄り添うライフスタイルの新たなアイデアを提案している。また、ショップ内のインテリアなど細部にわたってこだわり抜かれた内装も空間作りの参考になりそう。

5 Rivington Street, New York, NY 10002 USA
月〜土 12:00-20:00
日 11:00-19:00
+1 (646) 964 4420

GREEN FINGERS MARKET YOKOHAMA

2015年10月にリニューアルオープンした横浜ビブレ内に展開する、NY店と同様のマーケット形態のショップ。部屋を意識した店内インテリアは、植物と共に暮らすライフスタイルを手軽にイメージさせてくれる。

神奈川県横浜市西区南幸2-15-13 横浜ビブレ1F
11:00-21:00
045-314-2580

GREEN FINGERS MARKET FUTAKOTAMAGAWA

2015年11月6日、二子玉川のFREEMANS SPORTING CLUB内にオープン。NY、横浜のようなマーケットスタイルの店内には、FREEMANS SPORTING CLUBに合わせたメンズのグルーミンググッズなども取り扱う。

東京都世田谷区玉川3-8-2 玉川髙島屋S・C 南館アネックス1-2F
10:00-21:00
03-6805-7965

GREEN FINGERS MARKET

Botanical GF

都心から少し離れた落ち着いた雰囲気が漂う二子玉川の商業施設のAdam et Ropé Village de Biotop内にあるショップ。店内はインドアグリーンをメインに様々なサイズ、種類の植物を展開。珍しい形の植物や、オリジナルでペイントしたオシャレな鉢や雑貨も揃う。

東京都世田谷区玉川2-21-2 二子玉川rise SC 2F
10:00-21:00
03-5716-1975

KNOCK by GREEN FINGERS AOYAMA

インテリアショップのエントランスに展開し、空間の雰囲気に合わせた植物のスタイリング方法やアイデアを発見できるショップ。種類が豊富で個性的な植物をはじめ、メンズライクなインドアプランツまで幅広く取り揃えている。

東京都港区北青山2-12-28 1F ACTUS Aoyama
11:00-20:00
03-5771-3591

KNOCK by GREEN FINGERS MINATOMIRAI

みなとみらいの商業施設に展開するACTUS Minatomirai内にあるショップ。選び抜かれた個性豊かな植物やポットや雑貨、ツールまで充実のラインナップが楽しめる。駅直結でアクセスも便利なので、ぜひ立ち寄ってみて。

神奈川県横浜市西区みなとみらい3-5-1
MARK IS みなとみらい 1F
11:00-20:00（土・日・祝・祝前日は21:00まで）
045-650-8781

PLANT & SUPPLY by GREEN FINGERS

植物を育てるのが初めての方でも気軽に取り入れやすい植物を多く取り揃えるショップ。オリジナルのチョークアートで彩られた自慢の空間で、植物と寄り添いながら暮らす楽しさを感じてみて。

東京都渋谷区神南1-14-5 URBAN RESEARCH 3F
11:00-20:30
03-6455-1971

KNOCK by GREEN FINGERS TENNOZU

暮らしを彩るアイテム全般を扱う天王洲のショップ、SLOW HOUSE内に展開する店舗。エントランスを囲む多種多様な植物をはじめ、2階ではガラス容器と植物を選び、自分だけのプランツが作れるテラリウムバーもオープン。

東京都品川区東品川2-1-3 SLOW HOUSE
11:00-20:00
03-5495-9471

The STUDIO by GREEN FINGERS

2015年4月にオープンしたショップは、職人がハンドメイドでこだわりの品を生み出している工房＝STUDIOをイメージし、植物をはじめ川本氏のアート作品や本人セレクトのアンティーク雑貨などを取り揃えている。

神奈川県横浜市中区住吉町6-78-1 HOTEL EDIT YOKOHAMA 1F
7:00-10:00　11:30-14:30　18:00-23:00
045-680-0238
日曜定休（レストラン営業時間に準ずる）

Profile

川本 諭 /
GREEN FINGERS

グリーンが持つ本来の自然美と経年変化を魅せる、独自のスタイリングを提唱するプラントアーティストとして活動。自身のディレクションによる日本9店舗とNYの店舗を展開し、植物に留まらず、ショップの空間スタイリングやインテリアデザイン、ウェディングブランド「FORQUE」のディレクションなど、幅広いジャンルのディレクターとして活動を行う。また、近年は独自のセンスで植物の美を表現する個展やインスタレーションを展開し、グリーンと人との関わり方をより豊かに、身近に感じてもらえるフィールドを開拓している。

THE GARDEN WAS NOT BUILT IN A DAY

Deco Room with Plants　here and there
植物とくらす。部屋に、街に、グリーン・インテリア&スタイリング

2015年11月19日　初版第1刷発行
2017年11月19日　初版第2刷発行

著者　　　　　川本 諭

撮影　　　　　小松原 英介 (Moana co., ltd.)
スタイリング　川本 諭
デザイン・DTP　中山 正成 (APRIL FOOL Inc.)
編集　　　　　寺岡 瞳、松山 知世 (BNN, Inc.)

発行人　　　　上原 哲郎
発行所　　　　株式会社ビー・エヌ・エヌ新社
　　　　　　　〒150-0022
　　　　　　　東京都渋谷区恵比寿南一丁目20番6号
　　　　　　　FAX: 03-5725-1511
　　　　　　　E-mail: info@bnn.co.jp
　　　　　　　URL: www.bnn.co.jp

印刷　　　　　シナノ印刷株式会社

○本書の内容に関するお問い合わせは弊社Webサイトから、
　またはお名前とご連絡先を明記のうえE-mailにてご連絡ください。
○本書の一部または全部について個人で使用するほかは、
　著作権上（株）ビー・エヌ・エヌ新社および著作権者の承諾を得ずに
　無断で複写、複製することは禁じられております。
○乱丁本・落丁本はお取り替えいたします。
○定価はカバーに記載されております。

©2015 Satoshi Kawamoto
ISBN978-4-86100-995-2
Printed in Japan